WLAN AUS

Stifte raus

Der Verlag weist ausdrücklich darauf hin, dass im Text enthaltene externe Links vom Verlag nur bis zum Zeitpunkt der Buchveröffentlichung eingesehen werden konnten. Auf spätere Veränderungen hat der Verlag keinerlei Einfluss. Eine Haftung des Verlags ist daher ausgeschlossen.

MIX
Papier aus verantwortungsvollen Quellen
FSC® C014496
FSC www.fsc.org

Verlagsgruppe Random House FSC® N001967

1. Auflage
Deutsche Erstausgabe November 2016

Originaltitel: Burn After Writing Teen
Originalverlag: Carpet Bombing Culture
Umschlag: *zeichenpool
Satz: Lorenz + Zeller Inning am Ammersee
Druck und Bindung: GGP Media GmbH, Pößneck
Printed in Germany
MZ · Herstellung: IH
ISBN 978-3-442-39309-1
www.mosaik-verlag.de

RHIANNON SHOVE

ECHT ICH!

EIN STIFT – TAUSEND EINBLICKE ZUM ANKREUZEN UND AUSFÜLLEN

Aus dem Englischen
von Leena Flegler

mosaik

Stift schlägt Tastatur

Jede Handschrift ist einzigartig – wie ein Fingerabdruck oder die Singstimme. Die Handschrift an sich verrät ebenso viel wie die Absicht, mit der sie eingesetzt wird. Indem du einen Stift zur Hand nimmst, gibst du etwas von dir preis.

In einer Zeit, in der alles immer und unendlich kopiert werden kann, ist nur mehr das Einzigartige wertvoll. Oder glaubst du wirklich, deine Nachfahren sehen sich irgendwann deine Facebook-Timeline an?

Spar dir etwas auf für die echte Welt. Schreib etwas Schönes per Hand, und deine Gedanken können zu etwas Bleibendem werden.

IN ALLER KÜRZE

Hier ist die Gelegenheit, dir selbst die großen Fragen des Lebens zu stellen.

Wer bist du? Wie wurdest du zu dieser Person? Und was wird aus dir werden?

„Echt ich" stellt dir kritische Fragen, fordert dich zu Gedankenspielen und Experimenten heraus und stellt dir Hausaufgaben – und zwar zu deinem Lieblingsthema: zu dir selbst.

Nimm die Fragen todernst oder mit Humor – oder beides, ganz wie du willst.

Wenn du damit fertig bist, vergrab dieses Buch, versteck es, schließ es weg und nimm die Beine in die Hand … oder gesteh dir ein: Das bin „echt ich"!

In einer Gesellschaft, in der wir alles von uns „teilen", schwimmt dieses Buch gegen den Strom und fordert dich freundlich dazu auf, rein gar nichts zu „teilen".

Willkommen in deinem Buch

Das Schicksal hat dich hierhergeführt. Du willst dein wahres Ich kennenlernen, indem du dich der geheimen, mystischen Methode „Fragen und Antworten" stellst. Wer hat behauptet, dass Selbstfindung keinen Spaß machen kann?

Dies hier ist der einzig wahrhaft sichere Ort, an dem du pausenlos nur über dich selbst sprechen darfst, ohne dir darüber Gedanken machen zu müssen, was die anderen denken (weil außer dir niemand hier ist). Ständig erzählt dir jemand, wie du zu sein hast – aber hier kannst du der Welt darlegen, was du insgeheim tatsächlich denkst, und zwar ohne Konsequenzen zu befürchten. Wie sieht dein wahres Ich aus? Womöglich wirst du überrascht sein, was du herausfindest ...

Dieses Buch wird ein einzigartiges Bild deiner selbst entwerfen, so wie du in diesem Augenblick bist und wie du nie wieder sein wirst.

Du wirst auf Fragen stoßen, die auf deine Geheimnisse abzielen. Beantworte sie mit Mut und Kreativität. Es gibt keine falschen Antworten.

Versteh das Ganze als Trainingslager für das große Exklusivinterview, das dir zweifelsohne bevorsteht, wenn die Welt endlich erkennt, wie fantastisch du bist.

Überlass die Wahl der Frage ganz einfach dem Zufall. (Sprich: Blättere hin und her, wenn dir langweilig ist.)

Oder wählt die Frage vielleicht dich?

Womöglich wirst du dieses Büchlein eines Tages in vielen Jahren nutzen können, um zu dir zurückzufinden …

Moment!

Beantworte die Fragen ehrlich, verhör dich selbst!

Verlass deine Komfortzone – und damit meine ich nicht, dass du dich jetzt kopfüber auf dein Sofa setzen sollst. (Aber mach nur, bitte, wenn du das Bedürfnis dazu hast.)

Ausschlussklausel

Wenn du nicht du selbst bist, schlag dieses Buch gleich wieder zu. Denn hier steht nichts für dich drin. Auch kannst du nicht einfach gedankenlos hier reinspazieren und mir nichts, dir nichts durch die Seiten trudeln. Erst musst du in den Stift-Kult eingeweiht werden.

Bevor du jetzt also gleich lospreschst wie ein Irrer auf dem direkten Weg in den Abgrund, nimm dir einen Moment Zeit und vergegenwärtige dir diese heiligen Gebote:

- Ich werde sämtliche hier enthaltenen Fragen mit unerbittlicher, schmerzhaft eindringlicher Ehrlichkeit beantworten.

- Ich werde mich der mystischen Macht der willkürlichen Blätterei bedienen, um die für meinen derzeitigen Geisteszustand wichtigsten Fragen auszuwählen.

- Ich werde mit einer Brechstange bewaffnet durch die Flure meines Geistes schlendern und bereit sein, jedwede verschlossene Tür aufzubrechen.

Wenn du dich in der Lage siehst, dich diesen ehrwürdigen und couragierten Regeln zu verpflichten, darfst du dich jederzeit der Gemeinschaft der Strebenden nach Wahrhaftigkeit und Selbsterkenntnis anschließen. Schreibe jetzt diesen folgenden Satz per Hand ab:

Ich gelobe dem Stift-Kult meine Treue.

____

Jetzt darfst du weitermachen. Keine Bange. Such dir einfach eine x-beliebige Seite aus.

(Oder sucht sich die Seite dich aus?)

ECHT ICH!

ECHT ICH!

DIE WAHRHEIT

Sprich mir nach: Ich schwöre hoch und heilig, dass ich mir alle Mühe geben werde, überwiegend die Wahrheit zu sagen, fast die ganze Wahrheit und so gut wie nichts anderes als die Wahrheit, so wahr mir wer auch immer helfe, Hand aufs Herz, toi, toi, toi, immer doppelt so wahr und basta, letztes Wort sticht.

Du kannst dich vor der Wahrheit nicht verstecken, aber die Wahrheit sich vor dir. Sich selbst klar zu erkennen ist nicht immer leicht. Mal ehrlich: Sind wir diesbezüglich nicht alle ein bisschen voreingenommen? Trotzdem macht es Spaß, mal zu versuchen, so schonungslos wie nur möglich über sich selbst nachzudenken. Auch wenn man dafür hin und wieder dem Zufall das Feld überlassen muss, um sich selbst auszutricksen und die Wahrheit zu sagen.

Versuch, dieses Buch nicht anzulügen. Das Buch wird dich nicht verurteilen. Nur Mut! Niemand muss dies alles hier lesen außer dir selbst. (Es sei denn, du lässt es aus Versehen absichtlich an irgendeinem dusseligen Ort liegen.)

Sei „echt ich" – oder eben nicht …

Viel Glück!

HASTA LA VISTA
Baby

DIE VERGANGENHEIT

Die Vergangenheit

Du stehst auf einer Brücke zwischen zwei Welten. Hinter dir liegt das liebliche Land deiner Kindheit und Jugend, vor dir die blinkende Hauptstadt des Alters. Unter dir – ein reißender Strom voller Krokodile. Auf der Brücke – jede Menge Verführungen. Was tust du?

Du weißt, dass du erwachsen geworden bist, wenn du dich nicht mehr von Süßigkeiten verlocken lässt. (Das trifft nicht unbedingt auf jeden zu und gilt auch nicht für Haribo.) Wenn du zurückblickst, wirst du vielleicht sentimental werden und dich in deine Kindheit und Jugend zurücksehnen. Aber vielleicht weißt du ja noch, dass du als Kind um jeden Preis erwachsen werden wolltest.

Am besten wirst du deinem Kindheits-Ich gerecht, indem du dich zum bestmöglichen Erwachsenen entwickelst, den du dir je hättest vorstellen können. Frag dich selbst, ob dein Kindheits-Ich heute denken würde, dass alles, was du tust, einfach nur großartig ist. Wenn du diese Frage mit Ja beantworten kannst, hast du gewonnen.

Beantworte die Fragen zu deiner Vergangenheit; klarer als heute wirst du sie nie wieder im Gedächtnis haben. Und auf diese Weise wird aus diesem Buch für alle Zeiten ein Schatzkästchen voller Erinnerungen.

Die Vergangenheit

Spaziere durch den Garten der Erinnerungen bis in die vernebelten, halb vergessenen Tage deiner Vergangenheit. Die Leute reden doch immer über die gute alte Zeit ...

Meine früheste Erinnerung

Als ich noch klein war, war mein größter Wunsch

Wenn ich mich an früher erinnere, dann vermisse ich am meisten

Meine Kindheit in einem Wort

Mein bester Freund/Meine beste Freundin in der Kindheit

Das Allerschönste, was mir je widerfahren ist

Meine früheste Musikerinnerung

Der Lehrer/Die Lehrerin, die mich bis heute am meisten beeinflusst hat

Der lange verlorene Gegenstand aus der Kindheit, den ich gern wiederfinden würde

Meine Lieblings-Gutenachtgeschichte

Länder, die ich bislang im Leben besucht habe

Die Fernsehsendung, die ich mir zuletzt angesehen habe

Der teuerste Gegenstand, den ich mir je gekauft habe

In welcher Zeit ich gern gelebt hätte

Was ich mir von meinem allerersten eigenen Geld gekauft habe

Was mir bisher am schwersten gefallen ist

Das Ekligste, was ich je gegessen habe

Mein Lieblingslied als Kind

Das Verrückteste, was ich je im Leben getan habe

Die vier besten Momente in meinem Leben

1 ______________________________

2 ______________________________

3 ______________________________

4 ______________________________

Wenn ich 48 Stunden mit jedweder (lebenden oder toten) Person verbringen könnte, wäre das (und wir würden Folgendes tun)

Mein liebstes Selfie:

3 Dinge, die ich immer schon machen wollte, aber nie getan habe

1 ____________________

2 ____________________

3 ____________________

Als ich einmal gegen die Regeln verstoßen habe

Die 3 Errungenschaften aus den vergangenen 12 Monaten, auf die ich am stolzesten bin

1 ________________________________

2 ________________________________

3 ________________________________

Wenn ich die Zeit zurückdrehen und irgendein historisches Ereignis miterleben könnte, wäre es

Die größte Enttäuschung

Die Süßigkeiten, die ich früher am liebsten mochte

Das Dümmste, was ich je gemacht habe

Mein legendärster Triumph

Meine legendärste Niederlage

Was ich nie vergessen werde

Die YOLOste Sache, die ich je getan habe

Das Beschissenste, was mir je passiert ist

MEINE ERSTEN MALE #1

„Wann hast du zuletzt etwas zum ersten Mal gemacht?"

Erster Freund

Erste selbst gekaufte Single

Erster Urlaub

Erstes Livekonzert

Erster Lehrer

Erstes Haustier

Erste selbst gekochte Mahlzeit

Erster Wohnort

Erste Schule

LETZTES WORT

Momente ziehen flüchtig an uns vorbei und wispern im Wind. Kannst du einen davon aus der Luft auffangen, wie die Fliegen, die Mr Miyagi in der Originalversion (nicht im Remake) von „Karate Kid" mit Stäbchen fängt?

Letzter Spielfilm

Letztes Buch

Letztes Livekonzert

Letzter Heulanfall

Letzter Lachanfall

Letztes Lied, das ich gehört habe

Letztes Mal, als ich Angst hatte

Letztes Mal, als ich getanzt habe

MEINE ABSOLUTEN LIEBLINGSSACHEN

Wenn du irgendetwas so gern magst, dass du schier verrückt werden könntest und dir wünscht, dass es auf Facebook dafür einen „Unverzichtbar"-Button gäbe. Was du magst, sagt eine Menge über dich aus!

1 mindestens zehn Jahre alte Fernsehsendung, die ich abgöttisch liebe

3 letzte Filme, die ich gesehen habe

4 spannende Menschen aus der Geschichte

5 Gerichte, die ich am liebsten esse

Meine 3 Lieblingsgetränke

Meine TOP 5
(aller Zeiten)

MEINE TOP 5 LIEBLINGSBANDS

MEINE TOP 5 LIEBLINGSALBEN

MEINE TOP 5 SONGS

MEINE TOP 5 BÜCHER

MEINE TOP 5 FILME

MEINE TOP 5 ORTE AUF DER WELT

MEINE TOP 5 SENDUNGEN IM FERNSEHEN

MEINE TOP 5 PROMIS

Mein Leben in Schlagworten

Geburtsort ______

Derzeitiger Wohnort ______

Derzeitiges Outfit ______

Geschwister ______

Größe ______

Sternzeichen ______

Haustier ______

Zeitschrift ______

Getränk ______

Frühstück ______

Vorspeise ______

Hauptgericht ______

Dessert ______

Snack ______

Restaurant ______

Fast Food ____________________

Designer ____________________

Kleidungsstück ____________________

Schuhe ____________________

Fahrzeug ____________________

Handy ____________________

Kamera ____________________

Traumjob ____________________

Geschäft ____________________

Soulfood ____________________

Wort ____________________

Hobby ____________________

Farbe ____________________

Sport ____________________

Mannschaft ____________________

Spiel ____________________

Webseite ____________________

Fernsehsendung ____________________

YOLO

You only live once

DIE GEGENWART

Die Gegenwart

Ach, dieser verrückte Augenblick in der Gegenwart, in dem alles passiert und es trotzdem ständig so aussieht, als würde es dir entgleiten, als würde es jemand anderem passieren oder irgendwo anders, während du in irgendeiner langweiligen Alltagsroutine feststeckst, die nicht in deiner Hand liegt…

Außer wenn plötzlich alles um dich herum großartig zu werden und einen Sinn und Zweck zu haben scheint. Nur dass du nicht weißt, wie das passieren konnte oder wie du es festhalten kannst.

Im Hier und Jetzt leben oder die Zukunft planen? Das scheint jeder anders zu handhaben. Und jeder erzählt dir, dass diese und jene Zeit die beste deines Lebens wäre. Was für ein Erfolgsdruck! Dabei liegen diese Leute falsch. Bleib, wo du bist – denn in Wahrheit haben all die anderen auch nicht mehr Spaß als du. Die tun alle nur so.

Alles ist wertvoll, alles ist Mist, alles egal, alles wahnsinnig wichtig. Dabei geht es doch nur um den simplen entscheidenden Moment, der in der Ewigkeit aufflackert.

Wo bist du eigentlich gerade mit deinen Gedanken?

Und jetzt?

Und jetzt?

Und jetzt?

Und jetzt?

Die Gegenwart

JETZT! JETZT! JETZT! Es ist immer noch jetzt. Jepp, immer noch. Wann ist es? JETZT! Immer noch. Und immer noch. Jepp. Und immer noch. Das können wir ewig so machen. Du liest den Rest, und wir machen weiter. Immer noch jetzt. Und immer noch.

Ein Selfie von mir, gerade geschossen

GERADE HIER UND JETZT

fühle ich mich

trage ich

wünsche ich mir

brauche ich

denke ich

liebe ich

verabscheue ich

will ich

Die Zeichentrickfigur, der ich am ähnlichsten sehe

Der Song, zu dem ich immer sofort tanzen will

Mein Username

Mein Lieblingsthema

Meine Lieblings-Apps

Meine Lieblingsblogs

Meine Lieblingsfarbe

Mein Stil

Mein wertvollster Besitz

Heute habe ich gelernt

Drei Dinge, in denen ich echt schlecht bin

MEINE PARTY-PLAYLIST

MEIN CHILL-OUT-MIXTAPE

Vier Sachen, die ich gerne mache

Drei Sachen, die mich langweilen

Zwei Sachen, die mich verwirren

Die eine Sache, die alle viel zu ernst nehmen

Entwürfe für neue Emojis

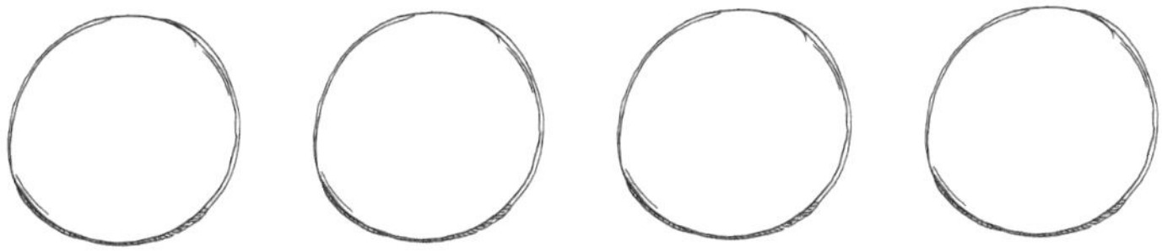

Mein Held

Bei dieser Person muss ich mich entschuldigen

Die Musikrichtung, die ich am wenigsten mag

Die größte Inspiration in meinem Leben

Was ich sammle

Mein verstecktes Talent

Wenn eine gute Fee mir drei Wünsche erfüllen würde, wären es

1 ______________________________

2 ______________________________

3 ______________________________

Die ersten fünf Songs, die laufen, wenn ich auf Shuffle drücke

1 ____

2 ____

3 ____

4 ____

5 ____

Mein Name als Superheld wäre

Wenn ich mich heute mit irgendeiner Person aus der Geschichte unterhalten dürfte, wäre es

Die Beziehung, die ich dringend klären muss

Zwei Dinge, die mich glücklich machen

Wenn ich gerade irgendwo auf der Welt sein könnte, wäre es

Kleinigkeiten, die mir Spaß machen

Wenn ich einer bestimmten Person eine Sache schenken sollte, wäre es

Meine größte Sorge

Wenn ich nicht wüsste, wie alt ich bin, würde ich schätzen ich wäre

Das Nerdigste an mir

Was ich gern lernen würde

Wenn ich meinen Vornamen ändern könnte, hieße ich gerne

Wenn ich an meinen Eltern irgendetwas ändern könnte, wäre es

Mein individueller Stil in drei Worten zusammengefasst

Der Film, den ich noch hundertmal sehen könnte

Wenn ich irgendeine Aufgabe im Leben für immer streichen könnte, wäre es

Wie alt ist alt?

Wenn ich jetzt in diesem Moment zum Kühlschrank laufen würde, würde ich das hier gern drin finden

Eine Sache, für die ich richtig viel Geld ausgebe

Eine Gehirnwäsche-Maschine würde ich an folgender Person ausprobieren

Bei diesem Lied singe ich gerne mit

Zwei Sachen, die mich nerven

Wenn ich eine Sache wieder in Ordnung bringen könnte, wäre es

Wenn ich für immer in einem bestimmten Alter bleiben könnte, wäre es

Wenn ich 5000 Euro zur freien Verfügung hätte, würde ich sie dafür ausgeben

Wenn ich einen Monat lang in einer Fernsehserie leben müsste, wäre es

Der erste Song, der mir gerade durch den Kopf schießt

Das Haustier meiner Wahl wäre

Wenn ich im Lotto gewinnen würde, wäre mir folgende Summe genug

Wem ich verzeihen muss

Könnte ich jetzt in diesem Moment eine bestimmte Person anrufen, ob lebend oder tot, wäre es

Ohne das kann ich nicht leben

So verbringe ich den Samstagabend am allerliebsten

Fünf Dinge, die ich nicht über meine Eltern wusste (bis ich sie danach gefragt habe)

1. ____________________

2. ____________________

3. ____________________

4. ____________________

5. ____________________

Wenn ich eine Sache für immer verschwinden lassen könnte, wäre es

Diesem Promi sehe ich angeblich ähnlich

Meine 5 Lieblings-Webseiten

1. ______________________

2. ______________________

3. ______________________

4. ______________________

5. ______________________

Wenn meine Wohnung oder mein Haus abbrennen würde, würde ich in letzter Sekunde retten

1. ______________________________

2. ______________________________

3. ______________________________

Wenn ich superreich wäre, würde ich hier Urlaub machen

Vier Worte, die meine Eltern beschreiben

Wenn ich heute 10000 Euro geschenkt bekäme und sie weitergeben müsste, würde ich

In genau diesem Moment ist mein größter Wunsch

Dürfte ich eine Person auf eine einsame Insel mitnehmen, dann wäre es

Wenn ich in einer vollen Kneipe, in der ich niemanden kenne, Karaoke singen müsste, wäre mein Song

Das Teuerste, was ich besitze

Der Song, der mein Leben am besten beschreibt

Meine Freunde fürs Leben

Wonach ich mir gerade die Finger lecke

Eine Fähigkeit, die mich stolz macht

Ein notwendiges Gadget, das noch nicht erfunden wurde

Drei Dinge, die mich aufheitern

Wenn ich für den Rest meines Lebens nur noch ein bestimmtes Gericht essen dürfte, wäre es

Was ich mir tätowieren lassen würde

Die lustigste Person, die ich kenne

Die Person aus meinem Bekanntenkreis mit dem härtesten Schicksal

Hier würde ich gerne leben

Meine fünf Lieblingswörter der deutschen Sprache

Die vier langweiligsten Wörter der deutschen Sprache

Meine drei Lieblingsvokabeln in einer Fremdsprache

So viel Prozent meiner Zeit verbringe ich damit, mir Dinge zu wünschen

So viel Prozent meiner Zeit verbringe ich damit, über Dinge nachzudenken, die ich bereits besitze

Drei Sachen, die mich wütend machen

Das ist ungerecht in der Welt

Wenn ich eine Sache verschwinden lassen könnte, wäre es

Könnte ich meine Freunde zu einem großartigen Urlaub einladen, würden wir

Der Titel meiner Autobiografie

Der Film, der mein bisheriges Leben zusammenfasst

Bei diesem Song muss ich jedes Mal heulen

Meine drei besten Eigenschaften (und die schlimmste)

Der beste Tag der Woche

Was mich am meisten ablenkt

Was in meinem Leben am meisten für Ärger sorgt

Meine jüngste große Leidenschaft

Wonach ich mich am meisten sehne

Ein paar einzigartige, originelle Fertigkeiten

Wo ich jetzt gerade gerne sein würde

Wenn ich mein Leben mit einer Person tauschen könnte, wäre es

Die Werbung, die im Augenblick am meisten nervt

Die schlechtesten drei Songs, die ich je gehört habe

Das beste Plattencover

Jemand, der mich einfach immer missversteht

Eine Sache, die alle lieben, nur ich nicht

Der schlechteste Film, den ich je gesehen habe

Tortendiagramm meiner Aktivitäten in einer Durchschnittswoche
(z.B. Arbeit, Kneipe, Internet)

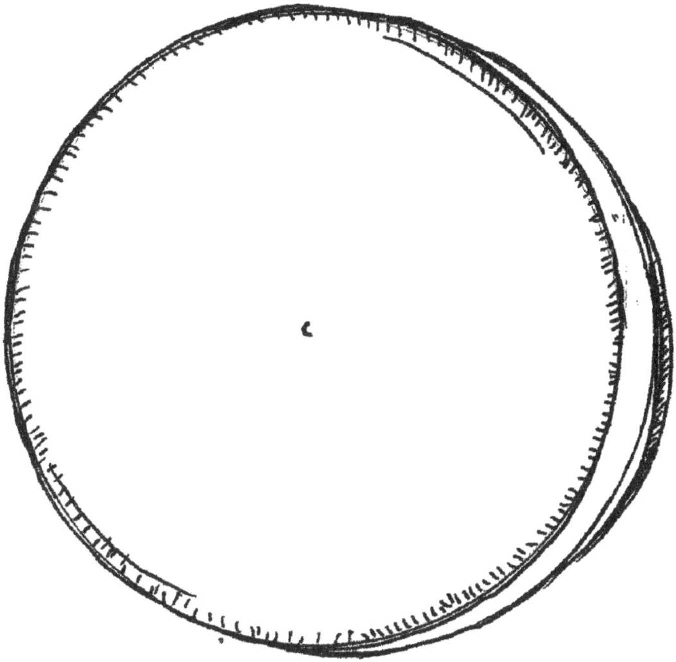

Worüber ich lachen kann

Wenn ich mein Leben in einem Hollywood-Blockbuster verfilmen könnte, würde ich folgende Stars engagieren:

__________________ als ich __________________

__________________ als __________________

__________________ als __________________

__________________ als __________________

__________________ als __________________

__________________ als __________________

__________________ als __________________

Titel meines Films

Theme-Song für meinen Film

Song für den Vorspann

Song für den Abspann

Drei Dinge, die ich gar nicht kann

Meine Lieblingsbeschäftigung am Wochenende

Die vier aufregendsten Dinge der Welt

Die drei langweiligsten Dinge der Welt

Erfolg (in 3 Worten)

1. ______

2. ______

3. ______

Wenn ich eines Tages aufwachen würde und unsichtbar wäre, würde ich

Mit dieser Person kann ich am besten über einfach alles reden

Die weltgrößte Diva

Mein bester Freund/Meine beste Freundin

MEINE INTERESSEN

Ressort	bis zu 10 Punkte
Politik	
Wirtschaft	
Kultur	
Sport	
Gesundheit	
Wissenschaft	
Karriere	
Klatsch	
Reise	
Wetter	

Wenn es nach mir ginge, würde ich um diese Uhrzeit aufstehen

6.00 Uhr ◯ 7.00 Uhr ◯

8.00 Uhr ◯ 9.00 Uhr ◯

12.00 Uhr ◯ 13.00 Uhr ◯

(Selbst gedichteter) Haiku

Das beste Internet-Video

Der fähigste Medien-Star

Wenn ich meine eigene Kneipe eröffnen könnte, würde ich sie so nennen

Diesen Song kann ich nicht mehr hören

Eine Sache, die ich gerne hätte, die mir aber zu teuer ist

In dieser Stadt würde ich gern leben

So lange würde ich es ohne Handy aushalten

So lange würde ich es ohne Internet aushalten

So lange würde ich es ohne einen Kurznachrichtendienst aushalten

In diesen Läden muss ich mich immer umsehen, wenn ich shoppen gehe

Dinge, die mich verwirren

Dieses Buch lese ich gerade

Dieses Album höre ich gerade

Merkwürdige Angewohnheiten

Drei Dinge, die mir mittlerweile gestohlen bleiben können

Fünf Dinge, die ich im Leben dringend brauche

1. ______________________________

2. ______________________________

3. ______________________________

4. ______________________________

5. ______________________________

Fünf Dinge, die ich gerne im Leben hätte

1. ______________________________

2. ______________________________

3. ______________________________

4. ______________________________

5. ______________________________

Meine kreative Seite

Ein Kunstwerk (made by me)

Mein Netzwerk

Stell dich in den Mittelpunkt. Zieh von dort aus Linien zu deinen Freunden. Die dicksten Freunde bekommen die dicksten Linien.

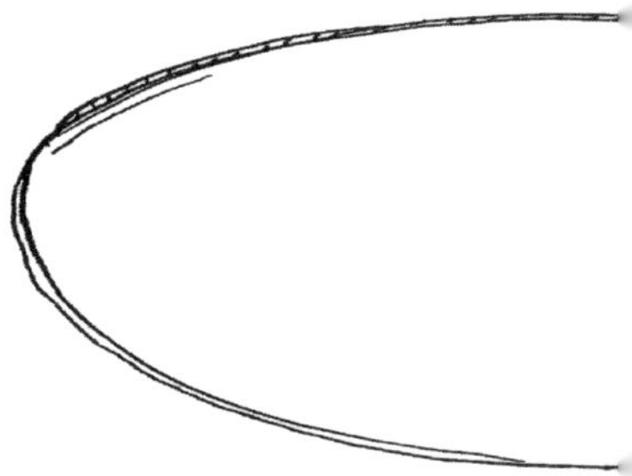

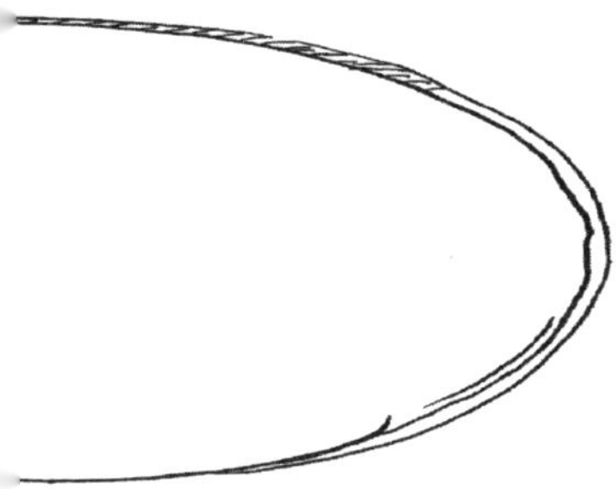

MEINE DAUERBRENNER

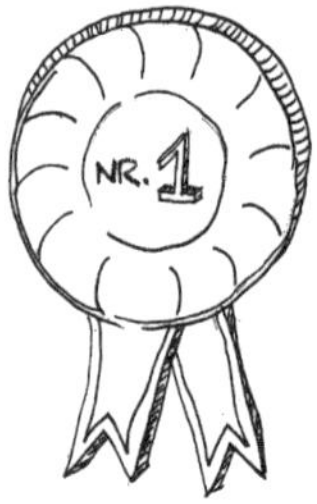

Song

Album

Konzert

Ort

Film

Buch

Band

Urlaubsziel

Stadt

Kollege

Wort

Fernsehsendung

Schauspieler

Mahlzeit

Radiosendung

Farbe

Nummer

Sportart

Horrorfilm

Tier

Ich liebe...

Ich liebe...

JETZT MAL EHRLICH …

(das erste Wort, das dir in den Sinn kommt)

Ich bin ______________________

Ich bin nicht ______________________

Ganz toll finde ich ______________________

Ganz grässlich finde ich ______________________

Ich hab schon mal ______________________

Ich hab noch nie ______________________

Ich mag ______________________

Nicht leiden kann ich ______________________

Ich liebe ______________________

Ich hasse ______________________

Ich brauche ____________________

Ich will ____________________

Ich kann ____________________

Ich kann nicht ____________________

Ich bin immer ____________________

Ich bin nie ____________________

Ich hab Angst vor ____________________

Ich hab keine Angst vor ____________________

Ich bin ziemlich gut in ____________________

Ich bin ziemlich schlecht in ____________________

Ich hätte gerne mehr ____________________

Ich hätte gerne weniger ____________________

Lebenslinien

Markiere dich dort auf der Linie, wo du hingehörst.

Besorgt	____________________	Unbesorgt
Stur	____________________	Kompromissbereit
Draufgängerisch	____________________	Vorsichtig
Launisch	____________________	Fröhlich
Um das große Ganze bemüht	____________________	Detailversessen
Wettbewerbs-orientiert	____________________	Kollegial
Pessimistisch	____________________	Optimistisch
Geduldig	____________________	Ungestüm
Misstrauisch	____________________	Zuversichtlich

Wenn ich bis ans Ende meines Lebens ein T-Shirt mit einem Wort darauf tragen müsste

Was ich nicht mehr hören mag

Ich kann etwas, das keiner weiß, und zwar

Eine schlechte Angewohnheit, die ich gerne loswerden würde

Großartige Songtexte

(die mir etwas bedeuten)

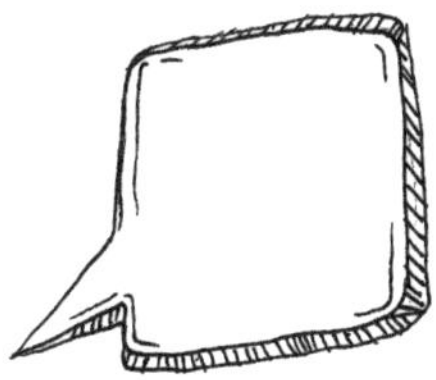

Meine Lieblingsdenker, -macher, -aktivisten, -legenden, -träumer (und Leute, die einfach nur rocken)

Loser, Idioten, Spinner, Blender, Nullen

(und Leute, denen ich am liebsten eins überbraten würde)

LEUTE
die mir etwas bedeuten

ORTE

die mir etwas bedeuten

UNBEZAHLBAR

Dinge, die man für Geld nicht kaufen kann ...

DAS JÜNGSTE GERICHT

Mal ehrlich: Du fällst ein Urteil über jeden, den du triffst. Machen wir alle. Wie wär's zur Abwechslung mal mit einer Bewertung deiner selbst?

Ehrlichkeit /10

Intelligenz /10

Großzügigkeit /10

Begabung /10

Versöhnlichkeit /10

Selbstvertrauen /10

Zufriedenheit /10

Demut /10

Loyalität /10

Liebesfähigkeit /10

Einzigartigkeit /10

Style /10

Humor /10

VON UNGESICHT ZU UNGESICHT

Schneide Porträts aus Zeitschriften aus und verschönere die Gesichter mit einem Kugelschreiber. Kleb die besten hier ein.

So fühlt sich das an

Nimm dir eine Zeitung oder Zeitschrift,
Schere und Klebstoff
und setze die Überschriften zu einer neuen zusammen,
die deine derzeitige Gefühlslage ausdrückt!

ASSOZIATIONSSPIEL

Ich sag Leben – du sagst was?

Nicht nachdenken, einfach das erste Wort aufschreiben, das dir in den Sinn kommt. Du wirst überrascht sein, was du über dich selbst erfährst, wenn du der Willkür die Zügel überlässt.

Leben ______________________

Lernen ______________________

Ruhm ______________________

Trauer ______________________

Liebe ______________________

Familie ______________________

Alter ______________________

Freunde ______________________

Eltern ______________________

Erfolg ______________________

Angst ______________________

Heimat ______________________

Zukunft ______________________

Misserfolg ______________________

Schicksal ______________________

Humor ______________________

Neid ______________________

Ehrlichkeit ______________________

FAMILIE IST

HABE

Träume

DIE ZUKUNFT

Die Zukunft

Wenn in irgendeiner Bibliothek ein Buch stünde, das deine komplette Zukunft schilderte, würdest du es lesen?

Könntest du das überhaupt?

Die folgenden Fragen gelten deiner Zukunft. Nachdem du keinen blassen Schimmer hast, was dir bevorsteht, sei dir hier geraten, dir einfach Antworten auszudenken. Wenn du glaubst, das kannst du nicht, bild dir einfach ein, du könntest es.

Im Leben malt man sich oft eine Zukunft aus, und dann kommen Leute und pfuschen daran herum, sodass man nie genau das erreicht, was man sich vorgestellt hat. Entscheidungen für die Zukunft zu treffen ist, als würde man dem Weihnachtsmann einen Wunschzettel schreiben – in einer Sprache, die er nicht versteht und auch nicht lernen mag, weil er mit all den Milliarden anderer Wunschzettel beschäftigt ist.

Beantworte die Fragen trotz alledem. Nichts ist lustiger, als sich irgendeines fernen Tages noch mal die Vorstellungen anzusehen, die man sich zehn Jahre zuvor über das Leben gemacht hat.

Auf dass dich das Glück dabei überrumpele!

Die Zukunft

Los, spielen wir das Prognosespiel! Was erwartest du dir von der Zukunft?

Drei Dinge, die ich vor mir herschiebe und bis Jahresende erledigt haben muss

1. ________________

2. ________________

3. ________________

Meine nächste Herausforderung

Darauf freue ich mich nicht unbedingt

Meine Ziele

Meine perfekte Auszeit

Dafür könnte ich berühmt werden

Wenn ich in Rente gehe, werde ich

Zehn Dinge, die ich gerne ausprobieren würde

1

2

3

4

5

6

7

8

9

10

BÜCHER, DIE ICH LESEN WILL

DIE SONGS FÜR DEN SOUNDTRACK MEINES ZUKÜNFTIGEN LEBENS

Darauf freue ich mich am meisten

Als nächsten Modetrend wünsche ich mir

I LOVE YOU

Lerne, wie man „Ich liebe dich" in drei verschiedenen Sprachen sagt. Englisch zählt nicht. Schreib die Formulierungen hier hin.

JETZT GEHT DIE ZUKUNFT LOS …

In einer Woche werde ich

In einem Monat werde ich

In einem Jahr werde ich

In zehn Jahren werde ich

In 25 Jahren werde ich

In 50 Jahren werde ich

BRIEF AN MEIN ZUKÜNFTIGES ICH

Nicht lesen vor dem .... (in 10 Jahren)

LIEBES ICH,

LIEBE GRÜSSE

Die Bucket List

Du willst natürlich ewig leben.
Aber du weißt selbst, dass das nicht sehr wahrscheinlich ist.
Was also solltest du bis an dein Lebensende unbedingt noch gemacht haben?

Hake die einzelnen Punkte ab – und dann erstelle deine eigene Bucket List.

1. Ski/Snowboard fahren
2. Kanu fahren
3. Auf einem Kamel reiten
4. Ein Musikinstrument spielen
5. Tanzen lernen
6. Nach London reisen
7. Heißluftballon fahren
8. Tauchen
9. Auf einem Einhorn reiten
10. Wildwasserraften
11. Einen Gegenstand töpfern
12. Ein Bild malen
13. Eine Kurzgeschichte verfassen
14. Ein Buch schreiben
15. Zelten gehen
16. Einen Berg besteigen
17. Einen Baum pflanzen
18. Hubschrauber fliegen
19. Wandern gehen
20. Nach Paris reisen
21. Geld spenden
22. Klettern gehen
23. Jonglieren lernen
24. Mein eigenes Ding finden
25. Stricken lernen
26. Bowlen gehen
27. Ein Musikvideo drehen
28. Einen Weltrekord aufstellen
29. Origami lernen
30. Zum Mond fliegen
31. Eine Sonnenfinsternis sehen
32. New York besichtigen
33. Einen Sonnenuntergang bewundern
34. Eine einjährige Auszeit vom Job planen
35. Auf einem Pferd reiten

Meine Bucket List

1.

2.

3.

4.

5.

6.

7.

8.

9.

10.

Ich wünschte mir …

Gehörst du zu den Menschen, die sich eher sinnvolle Dinge wünschen, oder zu denen, die sich die verrücktesten Sachen ausmalen, die höchstwahrscheinlich gar nicht funktionieren würden? Oder gehörst du zu den Leuten, die sich wünschen, unendlich viele Wünsche frei zu haben?
(Was irgendwie nicht Sinn der Sache wäre.)

?oder?

Entweder oder – beides kannst du nicht haben.
Entscheide dich. Was ist dir lieber?

Der Weg **oder** das Ziel

Mac **oder** PC

Reich **oder** berühmt

Süß **oder** salzig

Internet **oder** Fernsehen

Techno **oder** Hip-Hop

Pepsi **oder** Coca Cola

London **oder** New York

Freizeitpark **oder** Spaßbad

Nike **oder** Adidas

Filme **oder** Musik

Nachteule **oder** Frühaufsteher

Hund **oder** Katze

Sommer **oder** Winter

Stadt **oder** Land

In die Zukunft sehen **oder** die Vergangenheit ändern

Las Vegas **oder** Paris

Buch **oder** E-Book

Ausgehen **oder** daheimbleiben

iPhone **oder** Android

McDonald's oder Burger King
Spielfilm oder Buch
Spiritualität oder Religion
Analog oder Digital
Berge oder Meer
Ungerade oder gerade
Vorspeise oder Nachtisch
Abenteuer oder Entspannung
Anruf oder SMS
Promi oder Boheme
Langsam oder schnell
Herz oder Hirn
Suppe oder Salat
Schön oder klug
Berühmtheit oder Geld
Begabung oder Fähigkeit
Kreativität oder Kenntnis
Kunst oder Wissenschaft
Freiheit oder Sicherheit
Vampire oder Werwölfe
Lustig oder mächtig
Bleistift oder Kugelschreiber
Cupcake oder Cookie
Badewanne oder Dusche
Schokolade oder Chips
Vergangenheit oder Zukunft
Sonnenaufgang oder Sonnenuntergang
DJ oder Liveband
Neu oder alt

BERUF VERFEHLT

Kollegen, die bestimmt bald einen anderen Beruf antreten werden (oder sollten)

Politiker __________

Modeguru __________

Rockstar __________

Arzt __________

Bestsellerautor __________

Olympiasieger __________

Millionär __________

Berühmter Künstler __________

Oscar-Gewinner __________

Spielerfrau __________

Nobelpreisträger __________

Topmodel __________

Lehrer __________

Weltrekordhalter __________

Wissenschaftler __________

Tierarzt __________

Serienkiller __________

Profiwrestler __________

TV-Größe __________

Millionärsgattin __________

MEINE GEHEIME PERSONALAKTE

Und der Gewinner ist ...

Klassenclown ____________________

Streber ____________________

Ansteckendster Lacher ____________________

Am lautesten ____________________

Am stillsten ____________________

Am fröhlichsten ____________________

Am kreativsten ____________________

Am nervigsten ____________________

Am ehrgeizigsten ____________________

Am besten gekleidet ____________________

Bester Unterhaltungskünstler ____________________

Bestes Komikerduo ____________________

Am herrischsten ____________________

Bester Sänger ____________________

Am freundlichsten ____________________

Größte Diva ____________________

Größter Partyhengst ____________________

Am blondesten ____________________

Größter Nerd ____________________

Das Orakel

Zeichne hier den Umriss deiner Hand und fülle ihn mit Prophezeiungen für die Zukunft.

SCHNELLFEUER

Den eigenen Namen gegoogelt ( ) Pokal gewonnen ( ) Fremdsprache gelernt ( ) Wellness-Oase besucht ( ) in einer Limo mitgefahren ( ) im Flieger gesessen ( ) Promi getroffen ( ) Gedicht auswendig gelernt ( ) Blut gespendet ( ) etwas Teures kaputt gemacht ( ) Patenschaft für ein Kind übernommen ( ) mit der Mutter/dem Vater getanzt ( ) vom Zehnmeterbrett gesprungen ( ) mit dem Kopf voran vom Zehnmeterbrett gesprungen ( ) einen unsichtbaren Freund gehabt ( ) Karaoke gesungen ( ) im Fernsehen gewesen ( ) einem Bettler Geld gegeben ( ) etwas in nassen Zement geschrieben ( ) eine Flaschenpost verschickt ( ) einen echt guten Witz gemerkt ( ) Gedichte geschrieben ( ) auf der Bühne gestanden ( ) einen Fisch gefangen ( ) eine Pflanze gezogen ( ) ein Ehrenamt bekleidet ( ) Schlittschuh gelaufen ( ) Zorbing ausprobiert ( ) einen Kartentrick gelernt ( ) eine Brieffreundschaft gepflegt ( ) Sushi gegessen ( ) Spagat gemacht ( ) Knochen gebrochen ( ) an Halloween von Tür zu Tür gezogen ( ) einen Fuchs entdeckt ( ) mit Stäbchen

SCHNELLFEUER

gegessen ( ) die Bestnote in irgendeinem Schulfach erzielt ( ) mit Pfeil und Bogen geschossen ( ) Achterbahn gefahren ( ) Kleider gespendet ( ) Beerdigung besucht ( ) auf einem mechanischen Bullen geritten ( ) ein Haustier gehabt ( ) Haare gefärbt ( ) einen Stop-Motion-Film gedreht ( ) eine Verkleidungsparty besucht ( ) die schlechteste Note der Klasse geschrieben ( ) den Eltern Abendessen gekocht ( ) in einer Prüfung gespickt ( ) einen Heliumballon fliegen lassen ( ) eine Freundschaftsanfrage auf Facebook ignoriert ( ) das Ende eines Regenbogens gesucht ( ) einer Fährte gefolgt ( ) Noten lesen gelernt ( ) ein Bewerbungsgespräch erfolgreich überstanden ( ) einen eigenen Blog gestartet ( ) Schule geschwänzt ( ) krankgefeiert ( ) in einem Chor gesungen ( ) Handy verschönert ( ) Kampfsportart gelernt ( ) Sternschnuppe gesehen ( ) Ski gefahren ( ) Kuchen gebacken ( ) auf einem Pferd gesessen ( ) unter freiem Himmel geschlafen ( ) den Rubik-Würfel gemeistert ( ) an einem Flashmob teilgenommen ( ) eine Mentos-Rakete gebaut ( )

Ich will ...

WENIGER

Ich will ...

MEHR +

Du hast dreizehn Minuten, um den Text zu einem Song zu schreiben mit dem Titel

„IT'S MY LIFE“

Timer stellen, fertig, los!

EHRENWORT!

Umkringele deine guten Vorsätze
und schreibe eigene dazu

Chancen nutzen

MEHR MÜHE MIT DEN ELTERN GEBEN

Nein sagen

DIE WAHRHEIT SAGEN

DEN ZUFALL ANNEHMEN

„Ich liebe dich" sagen

Danke sagen

Laut lachen

Um Verzeihung bitten

MEHR LACHEN

Mehr leben

Weniger bereuen

Mehr Spaß haben

SAGEN, WAS ICH WIRKLICH DENKE

Weniger Sorgen machen

Mehr lächeln

Kritik annehmen

Verantwortung übernehmen

BESSER ZUHÖREN

Nicht mehr hassen

Mehr lesen

Härter arbeiten

GELEGENHEITEN AM SCHOPF PACKEN

Sich trotz allem gut fühlen

WENIGER SORGEN MACHEN

Tagebuch schreiben

Täglich etwas aufschreiben

MEHR WITZIGE BILDER SCHIESSEN

KRITIK ANNEHMEN

Verantwortung übernehmen

ZUHÖREN & LIEBEN

Mehr lächeln

GELEGENHEITEN AM SCHOPF PACKEN

NICHTS BEREUEN

MEHR SCHLAFEN

ETWAS KÜNSTERLISCHES SCHAFFEN

Nur Gutes essen

EHREN, WEM EHRE GEBÜHRT, UND TADEL EINSTECKEN

EIGENE FEHLER VERGEBEN

ENTSPANNEN

Mehr Freizeit

PRIORITÄTEN SETZEN

CHANCEN NUTZEN

NEIN SAGEN

UM VERZEIHUNG BITTEN

Mehr reisen

TRÄUME HABEN

DINGE UNKONVENTIONELL ANGEHEN

DANKBAR SEIN

SICH SELBST BELOHNEN

ANDEREN HELFEN

ECHT ICH SEIN

MEIN MOOD BOARD

Collage meines Lebens

Würd ich lieber?

Maden essen **oder** einen Teller voller Fischaugen

Eine Nacht auf dem Friedhof verbringen **oder** in einem Abbruchhaus

In die Vergangenheit reisen **oder** in die Zukunft

1 m groß sein **oder** 2,30 m groß

Glücklich, aber arm sein **oder** reich, aber unglücklich

Klassische Melodien pupsen **oder** Heavy Metal rülpsen

Ein Krokodil als Haustier halten **oder** einen Tiger

Nur noch in Reimen sprechen **oder** jedes Wort singen

Nur noch Siebziger-Klamotten tragen **oder** nur noch Sechziger-Klamotten

Auf ein Smartphone verzichten **oder** auf einen Laptop

Nur noch Müsli essen **oder** Toastbrot

Auf einem Nagelbett schlafen **oder** über glühende Kohlen laufen

Mundgeruch haben **oder** fettige Haare

Superschlechte Zähne haben **oder** einen Vokuhila

Lauter sprechen als alle anderen **oder** besonders leise

Einen Röntgenblick haben **oder** ein Supergehör

Nie wieder Fast Food essen **oder** nur noch Fast Food essen

Schnarchen **oder** im Schlaf reden

Nur noch halb so groß sein **oder** doppelt so schwer

Wie Dobbie sprechen **oder** wie Gollum

Nie wieder das Internet benutzen **oder** für immer fernsehen

Heute einen Wunsch frei haben **oder** drei Wünsche in zehn Jahren

Ein Filmstar sein **oder** Nobelpreisträger in einer Naturwissenschaft

Wie gekochter Kohl riechen **oder** Haut wie eine Mandarine haben

Einen überlangen Hals haben **oder** übergroße Füße

10000 Euro gewinnen **oder** eine Fifty-Fifty-Chance auf 100000 Euro haben

Mit Tieren kommunizieren können **oder** jede beliebige Fremdsprache beherrschen

Der beliebteste Kollege sein **oder** der erfolgreichste

In den Siebzigern feststecken **oder** in den Achtzigern

Grünen Schleim schwitzen **oder** lila Brei niesen

Gedanken lesen **oder** jedermanns Zukunft vorhersehen

Nie wieder Zähne putzen **oder** nie mehr Haare kämmen

Über traurige Nachrichten lachen **oder** über lustige Geschichten heulen müssen

Einen Bungee-Sprung machen **oder** vor 500 Leuten singen

Geschirr spülen **oder** aufräumen

Ein YouTube-Star werden **oder** ein berühmter Blogger

Schlechte Nachrichten zuerst **oder** zuletzt hören

Frühaufsteher **oder** Nachteule sein

Ein fotografisches Gedächtnis haben **oder** alles vergessen können, was ich je gewollt habe

Einen Riesenrüssel haben **oder** Ohren wie ein Elefant

Nie wieder Schokolade essen **oder** nie wieder Eis

Nur vom Hals aufwärts altern **oder** nur vom Hals abwärts

Für den Rest meines Lebens nicht mehr vor die Tür gehen **oder** nur noch draußen sein

Am ganzen Körper behaart sein **oder** komplett haarlos

In die Zukunft sehen können **oder** die Vergangenheit ändern

Meine Zukunft

Immer wieder im Leben wirst du genervt von Leuten sein, die meinen, über deine Zukunft sprechen zu können. Es weiß doch ohnehin niemand, was ihn in der Zukunft erwartet. Aber es gibt Leute, die so tun, als ob. Die betrügen sich selbst.

Entspann dich also.

Um den Beweis dafür zu erbringen, lass dich auf diesen Test ein. Schreib auf der gegenüberliegenden Seite auf, wie der perfekte Job und wie dein Traumpartner aussieht. Oder, wenn du die schon gefunden hast, was du dir sonst für die Zukunft wünschst. Und dann versteck dieses Buch.

Hol das Buch in dreizehn Jahren wieder hervor und schau nach, wie vollkommen komplett falsch du bei allem gelegen hast.

Wir wissen nicht, was wir tatsächlich wollen.

Das bilden wir uns bloß ein.

Insofern können wir genauso gut im Sinne freudiger Ahnungslosigkeit wilde Weissagungen über die Zukunft treffen, ohne dabei auch nur im Mindesten realistisch zu sein.

Meine perfekte Zukunft

ICH WEISS GENAU, WER ICH BIN, WAS ICH WILL UND WAS AUS MIR WERDEN WIRD!

(Glaub ich zumindest!)

Echt ich – die Zeitkapsel

Sprich mir nach …

Ich werde nicht … einfach gedankenlos irgendwelchen Befehlen folgen.

Und das vergiss jetzt ganz schnell wieder und tu, was ich dir sage. Weil ich du bin. Ich bin die Stimme in deinem Kopf.

In dreizehn Jahren nimmst du dieses Buch wieder zur Hand. Und dann machst du all die Übungen noch mal.

So kannst du dir selbst gegenübertreten – wie in diesem merkwürdigen Traum, den du immer wieder hast. (Nur dass es diesmal umso interessanter sein wird.)

Glückwunsch, du Sucher der Wahrheit!

Du hast das Ziel deiner Suche erreicht.

AFK FOREVER

*AFK - away from the keyboard